潮流宠儿百搭秀

HAOLIUCHONGERBAIDAXIU

雪 逝●编著

H.P.H 哈尔滨出版社
HARBIN PUBLISHING HOUSE

图书在版编目(CIP)数据

潮流宠儿百搭秀 / 雪逝编著. —哈尔滨:哈尔滨出版社，2012.6
（小女生的战役）
ISBN 978 -7- 5484 - 0996 - 0

Ⅰ. ①潮…　Ⅱ. ①雪…　Ⅲ. ①服饰美学-基本知识
Ⅳ. ①TS941.11

中国版本图书馆CIP数据核字（2012）第057670号

书　　名：**潮流宠儿百搭秀**

作　　者：雪　逝　编著
责任编辑：张凤涛　魏英璐
责任审校：李　战
封面设计：琥珀视觉　路　征

出版发行：哈尔滨出版社（Harbin Publishing House）
社　　址：哈尔滨市香坊区泰山路82-9号　　**邮编**：150090
经　　销：全国新华书店
印　　刷：哈尔滨报达人印务有限公司
网　　址：www.hrbcbs.com　　www.mifengniao.com
E-mail：hrbcbs@yeah.net
编辑版权热线：（0451）87900272　87900273
邮购热线：4006900345（0451）87900345　87900299　或登录**蜜蜂鸟**网站购买
销售热线：（0451）87900201　87900202　87900203

开　　本：880mm × 1230mm　1/32　**印张**：4.5　**字数**：50千字
版　　次：2012年6月第1版
印　　次：2012年6月第1次印刷
书　　号：ISBN 978-7-5484-0996-0
定　　价：18.00元

CONTENTS

衣服搭配看个性

PART1
知己 方能百胜

2/ 衣服搭配看个性

3/ 认清自己的肤质

7/ 衣服知我心

11/ 矮个子女生的穿衣搭配法则

13/ 高瘦女生的穿衣搭配法则

15/ 胖美眉显瘦的穿衣搭配法则

CONTENTS

我的美丽我做主

PART2 穿什么→潮我看

19/ 春季扮靓秘籍 我的美丽美衣做主

41/ 泡沫之夏 夏日清凉美搭秀

67/ 慵懒的初秋小情调 主打温暖牌毛衫

78/ 要暖要有型 冬天也要靓靓的

96/ 向上吧，女孩儿！做个优质的学院派

107/ 萌系少女的甜蜜公主风

118/ 百变搭配 搭出青春 搭出精彩

130/ 想怎么搭就怎么搭 小帽子搭出可爱风

PART1

知己 方能百胜

衣服搭配看个性

每个美眉都有自己的穿衣风格。请问，你平时穿着风格是哪种？衣服搭配最能看出一个人的个性。

A.牛仔裤配衬衫

B.运动服

C.T恤配休闲裤

D.流行服饰

E.黑色西裤

结果分析：

选**A**：

行动力强，精力充沛，学习休闲都有活力，乐于做家务，但因自主性过强，人际关系或有不顺。

选**B**：

个性豁达，仍带稚气，与现实生活有时不搭调，或许会受到伤害，不过因有天真无邪的稚气，普遍受到关爱而获得好人缘。

选**C**：

对人满怀戒心，自己表现欲又强，休假日也会到处走动。如果爱穿宽松单件衣的，这样的衣服搭配是表示希望在家里得到松弛，缓解压力。

选**D**：

衣服搭配对时尚很敏感，而且富有好奇心，但有时有欲望得不到满足的挫折感，急性子不服输，不惜尽力下工夫获得成功。

选**E**：

特别注意衣服搭配，时时关心他人对自己的印象，自尊心强，最怕自己的缺点被人察觉，因对自己的缺点有所觉悟，别人的口碑都不错，对家庭幸福的期望也强人一等。

认清自己的肤质

小麦色肌肤美眉如何搭配？

拥有这样肌肤色调的美眉会给人健康活泼的感觉，黑白这种强烈对比的搭配与小麦色肌肤非常搭，深蓝、灰等颜色沉稳的色调，以及桃红、深红、翠绿这些鲜艳的色彩最能突出开朗的性格。黑白搭配，把肌肤衬托得很美丽。小麦色肌肤穿深蓝色的衣服，沉静、稳重。翠绿色、桃红等颜色能把肌肤衬托得更漂亮。

面色红润美眉如何搭配?

红润的面色是很健康的肤色，一般很好搭配衣服，那么，什么样的搭配最适合面色红润的美眉呢？如果脸色红嫩，可采用非常淡的丁香色和黄色，不必考虑何者为主色。这种脸色的美眉可穿淡咖啡色配蓝色，黄棕色配蓝紫色。面色红润的黑发美眉，可采用淡棕黄色、黑色加彩色装饰，或珍珠色，用以陪衬健美的肤色。黄色镶黑色的衣着对这种肤色的美眉最为相宜。不宜采用紫色、亮黄色、浅色调的绿色、纯白色。因为这些颜色，能过分突出皮肤的红色。此外，冷色调的淡色，如淡灰等也不适宜。如果用蓝色或绿色，那就应采用饱和程度最大的颜色。

肤色发灰的美眉如何搭配?

如果你的肤色发灰，你不要感觉很难穿衣服，你同样可以穿出靓丽的风景来。如果皮肤发灰，那么衣着的主色应为蓝、绿、灰绿、灰、深紫和黑色。蓝灰色可用深棕色作为补色。紫灰色可以用黄棕色作为补色。灰绿色可用微红色作为补色。紫色可以用灰黄色作为补色。这种肤色的美眉绝对不能采用白色作为衣着的主色，哪怕作为装饰色也不行。

晒黑美眉如何搭配？

晒黑的皮肤给人一种天生的运动感，最适宜搭配运动风格的休闲装。例如，一字领针织衫、锦纶外套、彩条T恤、连帽背心等等，都是黑肤美眉的好拍档。当然，除此之外，还少不了条纹短袜、帆布运动鞋、牛仔休闲帽、锦纶双肩背包等配饰。多数人都以为黑皮肤和白色服装是绝缘的，其实不然，帅气健康的黑肤美眉穿上白色服饰更能显出与众不同的个性风采 。简单的白色短袖T恤加上蓝色翻边牛仔裤，平淡中出洒脱与自信；若以迷彩色上衣搭配白色七分裤，诠释的又是一种甜美与清纯。黑皮肤搭配红色也会十分好看，但应注意不可大面积使用。一件红色背心、一双红色短袜，或者一枚红色发卡、一条点缀红色石榴石的项链，往往能起到画龙点睛、出奇制胜的效果。鲜亮的色彩衬托出健康的肤色。

衣服知我心

长脸

不宜穿与脸形形状相同的领口衣服，更不宜选V形领口和开得低的领子；不宜戴长的下垂的耳环。适宜穿圆领口的衣服，也可穿高领口的马球衫或带有帽子的上衣；可戴宽大的耳环。

方脸

不宜穿方形领口的衣服；不宜戴宽大的耳环。适合穿V形或勺形领的衣服；可戴耳坠或者小耳环。

圆脸

不宜穿圆领口的衣服，也不宜穿高领口的马球衫或带有帽子的衣服；不适合戴大而圆的耳环。最好穿V形领或者翻领衣服；戴耳坠或者小耳环。

粗颈

不宜穿窄小领口的衣服；不宜戴短而粗的紧围在脖子上的项链或围巾。适合穿宽敞领口的衣服，当然也不要太宽；适合戴长珠子项链。

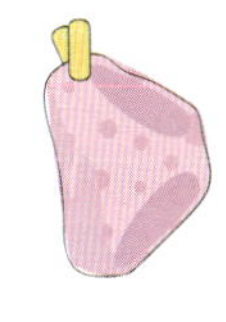

短颈

不宜穿高领衣服；不宜戴紧围在脖子上的项链。适宜穿敞领、翻领或者低领口的衣服。

长颈

不宜穿低领口的衣服；不宜戴长串珠子的项链。适宜穿高领口的衣服，系紧围在脖子上的围巾；宜戴宽大的耳环。

窄肩

不宜穿无肩缝的毛衣或大衣，不宜选窄而深的V形领。适合穿开长缝的或方形领口的衣服；可穿宽松的泡泡袖衣服；适宜加垫肩类的饰物。

宽肩

不宜穿长缝的或方形领口的衣服，不宜用太大的垫肩类的饰物；不宜穿泡泡袖衣服。适宜穿无肩缝的毛衣或大衣；适宜选深的或者窄的V形领。

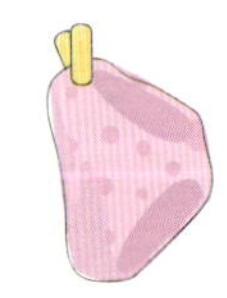

粗臂

不宜穿无袖衣服，穿短袖衣服也以在手臂一半处为宜。适宜穿长袖衣服。

短臂

不宜选太宽的袖口边；袖长为通常的袖长3/4为好。

长臂

衣袖不宜又瘦又长，袖口边也不宜太短。适合穿短而宽的盒子式袖子的衣服，或者宽袖口的长袖子衣服。

小胸

不宜穿领口露乳沟的衣服。适合穿开细长缝领口的衣服，或者穿水平条纹的衣服。

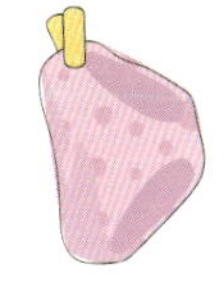

大胸

不宜选高领口或者在胸围打碎褶的衣服；不宜穿带水平条纹图案的衣服或短夹克。适合穿敞领和低领口的衣服。

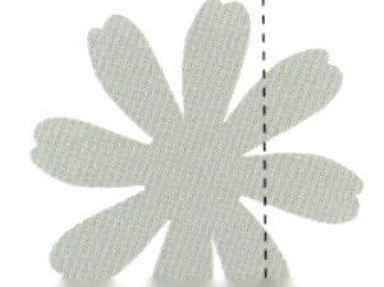

长腰

不宜系窄腰带，不宜穿腰部下垂的服装。以系与下半身服装同颜色的腰带为好；适合穿高腰的、上有褶饰的罩衫或者带有裙腰的裙子。

短腰

不宜穿高腰式的服装和系宽腰带。适合穿使腰、臀有下垂趋势的服装，系与上衣颜色相同的窄腰带。

宽臀

不宜穿打大褶或碎褶的鼓胀的裙子，不宜穿袋状宽松的裤子。适合穿柔软合身、线条苗条的裙子或裤子，裙子最好有长排钮扣或中间接缝。

窄臀

不宜穿太瘦长的裙子或过紧的裤子。适合穿宽松袋状的裤子或宽松打褶的裙子。

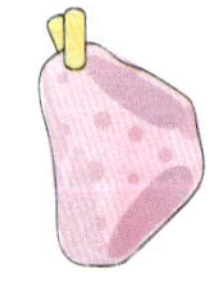

大屁股

不宜穿长裤或紧瘦的上衣。适合穿柔软合身的裙子和上衣，或穿长而宽松的上衣。

矮个子女生的穿衣搭配

首先，大可不必去考虑增高术。如果你的身高在1.6米以下，不一定非要穿长衣或高跟鞋，可以运用衣着及饰物去增加你给别人的视觉高度。

色彩搭配有7个基本要领

1.服装的色调以温和为佳，极深色与特浅色都不好。

2.上装的颜色要相近搭配，属同一色系，反差太大，对比太强烈都不好。

3.体形矮小瘦弱的人宜选素色、无花纹的服装，如果你一定想穿带花纹的衣服，大格子的图案最好不选，而应选择小方格的图案，因为大格子图案会显得人更瘦。

4.选择服装面料以光滑平整为佳，细纹理的衣料更好。服装样式也应尽可能地简单，但一定要制作精致，上装的腰部要做得稍稍高一点。

5.矮小者所穿的裤子应该选从裤腰到裤脚宽窄相同的直筒状，裤管口最好是后边比前面稍长，呈大礼服式，而不是平的。裤袋的开口应尽量以纵切线或斜切线来代替横切线。此外，选择一根窄 皮带也能产生良好的效果。

6.身材娇小者在穿扮时最大的困扰是下半身的穿着，因此，要特别注意颜色应与上半身和谐，通常选择明亮活泼的服饰较为合适。

7.矮小的女生的全身服装色调最好相同或相近。上下身不同颜色的衣服也可以穿，但要注意身材比例，最好上浅下深，把别人的注意力引向头部或肩部。

高瘦女生的穿衣搭配法则

高个子女孩通常腿长，有时也会遇到穿衣的烦恼，但其实这样的身材选择面更大，只不过要避免可爱的造型风格。但是今年流行的摆裙、长裙、中裤、短裤都是非常不错的选择。

造型点： 白色上衣、白色短裤。一身白色装扮干练而时尚，热辣的短裤更显修长双腿，清新自然。白色总给人清新无邪的感觉，尤其夏季穿上白色衣衫，视觉上也凉爽许多，在今年的流行国度里，白色更是从搭配色的地位跃升至主角的地位。

造型点： 吊带装、半截裙。带有规律的花纹展现强有力的视觉效果，搭配T恤或牛仔衣都别有韵味。快来释放你的美丽，秀出自己吧！

造型点： 吊带衫、短裤。成熟的雪纺、个性的饰品配以热辣的短裤绝对潮爆你的眼球。

造型点： 正式小外套、七分休闲裤。中性的七分裤是本季流行单品，充分展现高挑女孩迷人的腿部曲线，帅气而自然。七分裤，正以不可抵挡的趋势进军流行阵地，人气直升。

造型点： 连身长裙。高挑的腰线、优雅的长裙，浓郁民族风情倍增你的时尚度。每一个女人都是自己爱情世界的

公主，公主都有自己钟爱的美服。浪漫飘逸的连衣裙是每个女人心中的最爱，快来寻找属于你的幸运连衣裙，去虏获王子的心吧！

胖美眉显瘦的穿衣搭配法则

夏天，既要享受清爽，又要展现苗条身材，是一件不那么容易的事情。下面就来说说夏天里，胖美眉们怎样穿衣既能显瘦又能把自己打扮得清清爽爽吧！相信一定会令你眼前一亮哦！

一、穿胸前有大面积图案的上衣

因为这样会增加上身的立体感，可以大面积包裹住上身，更可反衬出身材的纤细。夏天，微胖的美眉不适宜穿纯色的上衣，单调的色彩和单一的款式会大大降低整体搭配的立体感。

二、穿胸前带字母Logo的上衣

带字母Logo的上衣容易分散人的视线，亮色的Logo字母可以通过光的折射使人的视觉产生层次感。带Logo字母的上衣不仅可以大大增加搭配的立体感和层次感，而且更容易突显身材的线条和骨感。

三、穿竖条纹的连衣裙

大家都知道竖条纹在视觉上更容易显瘦，另外裙子的材质尽量选择质地轻盈的，这样更容易纤体修身。竖条纹在视觉上有收缩效果，简单立体的竖线条更容易让你的身材看起来苗条纤瘦。但是，如果是很宽的竖条纹，那和横条纹一样效果不好。最佳选择并不是竖条纹，而是暗细格子的。

四、穿胸前有蝴蝶结的无袖吊带衫

同样，胸前的蝴蝶结也可以起到分散注意力的效果，另外吊带的作用可以大大突显肩部的骨感。胸前精致的蝴蝶结装饰不仅可以转移视线，同时还可以美化胸部线条。

五、穿低领泡泡袖褶皱衫

泡泡袖可以最大化修饰手臂轮廓的完美，宽大的袖子可以使手臂看起来更纤瘦。褶皱也可以使整体搭配更加立体修身。泡泡袖的作用不仅可以美化肩部和手臂轮廓，同样看起来也更加清爽秀美。

六、经典黑白造型打造好身材

经典黑白造型可以增强视觉对比度，让立体感更加鲜明，但是黑白的色彩组合不宜过度夸张，以简洁为主。夏天里更适合白底黑色纹印花的小裙装，色彩对比度大可以提高搭配立体感，另外款式和质地的选择也很重要。

七、穿高腰线裙装

高腰线裙装可以最大程度修饰身材比例，美化腰部轮廓，更可以突显下半身的修长纤细。

高腰线的裙装可以在腰部系上一条绸子丝带，在美化腰部轮廓的同时，还可以分散人的视线，缓解注意力。

八、穿带蕾丝和花边的裙装

带蕾丝花边的裙装可以增加整体造型的甜美感，比如可以选择一款领子开口较大的蕾丝衫，清凉舒适的同时更可以苗条身材。炎热的夏天里适度提高装扮的甜美度是搭配和修身的王道。

PART2
穿什么→潮我看

春季扮靓秘籍　我的美丽美衣做主

姓名：叶柳英

星座：水瓶座

爱好：逛街　看电影

淘宝ID：韩宫里的小妖

关键词：东京女孩の日系潮品店

微博地址：http://weibo.com/milier99

…麻豆资料…

MADOUZILIAO

黑白拼接的针织衫上点缀着超Q的红色毛球，俏皮感瞬间提升到最高点！

这款蝙蝠衫的衣身部分是粉色和淡黄色的组合，十分柔和。

下摆和袖子的宝蓝色拼接顺应了流行的撞色风。

蝙蝠袖也是经久不衰的经典袖啊！大大的蝙蝠袖可以遮肉。

这款以灰色为底色，印有米字旗图案的T恤，既简约又潮感十足，穿在简约的深色系外套里面，非常出彩。

下面搭配超显瘦的铅笔裤，在春季街头很难不成为时尚焦点。

这种五分袖的针织衫可以内搭撞色的打底衫，看上去有层次感，很有混搭效果。喜欢淑女一点儿的妞可以内搭暖色系打底衫。

看起来甜美又可爱，有种小清新的感觉。也可以搭粉嫩的颜色，呈现公主范儿。

这件海军装连衣裙传承了笃学立志的心态，搭配复古的包包显示女生的好学气质。彰显率真个性，打造活力派女生。

嘻哈、前卫，胸前印有抽象的美女头图案的T恤，搭配一条黑色镂空短裙，时尚大气。

可爱卡通图案的T恤搭配深蓝色打底裤和柠檬黄运动鞋，胜在颜色碰撞，款式简单、休闲又很有潮流风。

醒目鲜艳的红黄拼接的条纹针织毛衣，温暖又带有几分可爱感。

绿色印有大力水手图案的针织衫，搭配红色斑点围巾，让红色和绿色完美组合，呈现出与众不同的潮流风。

黑色毛线帽+条纹开衫+豹纹裤+柠檬黄运动鞋，很有韩国街拍的范儿！

黄色连帽外套，休闲舒适，下身搭配简洁的黑色牛仔短裤和帅气时尚的柠檬黄运动鞋，外加酷炫的太阳镜和黑色毛线帽，打造街头小甜心。

白色衬衫搭配带点梦幻晕染的条纹裙子，再加上这双流苏的鞋子，可爱的民族风哦！

深蓝色带有小圆点图案的毛衣搭配上粉嫩的橘色打底裤和枚红色鞋子，令你拥有纯真的感觉，流露出小女孩般的俏皮。

从层次分明的白色蝙蝠袖针织衫、条纹短裤，到条纹打底裤袜、皮草边短靴，混搭出甜美可爱俏皮的小萝莉形象。

浅棕色的蝙蝠袖卫衣+红色连衣裙，下身搭配黑色打底裤+皮草边短靴，打造甜美的邻家女孩形象，戴上白色耳包增添俏皮的感觉。

印有虎头图案的灰色卫衣，是今年的流行款，下身搭配红色短裙+黑色打底裤，红黑两色碰撞令人眼前一亮，再加上粉色毛线帽，青春逼人。

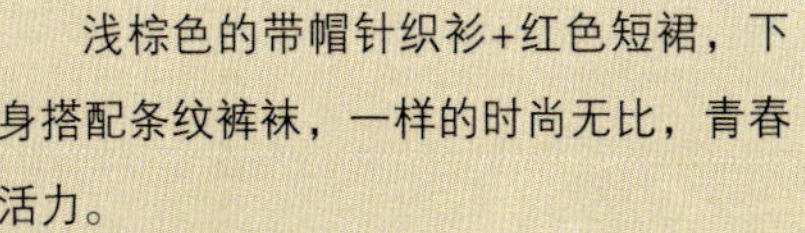

浅棕色的带帽针织衫+红色短裙，下身搭配条纹裤袜，一样的时尚无比，青春活力。

彩色的针织衫像不像糖果穿在身上呢？

很调皮、很可爱吧！

花哨的衣服本身就很特别，

五颜六色的彩虹，

美眉们一定很爱吧！

红彤彤的开衫和黄色围巾，下身搭配蓬松的黑色短裙，如同芭蕾舞服般的造型，这是专属于女孩的装扮。少女风的经典色是红色，搭配人气主打黑色，在这个初春成为一大亮点。

很漂亮的黄色针织衫,蕾丝衣领显得很可爱。搭配黑色短裙、灰色打底裤。很适合春天这个季节。

这件黄色针织衫还真是百搭，外面搭配一件红色连衣裙，突显乖乖女的气质。

泡沫之夏　夏日清凉美搭秀

姓名：小小

星座：狮子座

爱好：音乐 舞蹈

淘宝ID：lulu_01987

关键词：MuMu

微博地址：http://weibo.com/u/2058811224

…麻豆资料…

MADOUZILIAO

一款别致的小背心可是既出彩又百搭的哦！这件绿色小背心的领口上镶有彩色的亮片，很有民族风的感觉，再搭配一条牛仔短裙，韵味十足哦！

大V字领的镂空针织衫，很可爱的颜色。怕走光的美眉可以内搭蕾丝的打底衫，露出甜美的蕾丝边。臭美的美眉可以加一条锁骨链子，超美的哦！

宽松舒适的格子衬衫，清凉又百搭，搭配黄色短裤，加灰色贝雷帽，超级青春无敌哦！

棕色的休闲宽松T恤搭配黑色镂空短裙，看起来非常温馨、清爽，便捷又休闲。

宽松的字母T恤，内搭一件条纹的打底衫，很显瘦、显高哦！另外，小小的露肩也增加了一点儿小性感。光脚穿一双球鞋，就可以去逛街啦！

大家的怀旧情结，使得牛仔裤一直是经久不衰的潮流。穿上牛仔裤和T恤，体会经典，让你走在时尚前沿。

长裙一直是女孩儿们夏日必备的单品。虽然穿了会有些拖沓，但是它的浪漫和飘逸完全可以掩饰其他的不足，有一种很田园、很公主的味道。长裙其实也蛮好搭的哦！ 外边搭个短款的小开衫或者小针织衫，就能打造黄金比例的身材。

蓝色的连衣短裙，很有邻家小妹的味道哦！

吊带外套个短款小外搭，一点儿也不俗气。不规则的设计是必须的，露肩和破洞更是潮呀！很有爱的小爱心，怎么搭都好看。更重要的是，宽宽松松的，舒适又显瘦哦！

宽松舒适的白色T恤，上面还有流苏的心形设计。但简约的黑白色，是不是有些单调呢？看看我的粉色大作战吧！粉色的帽子、粉色的包包、粉色的五角星项链，还有彩色的条纹袜。会不会太花哨了？其实，夏天就是要色彩斑斓哦！

宽松休闲的大T恤，蝙蝠袖的设计，上面还带有灰色条纹，搭配出休闲学院风。

优雅的乳白色蕾丝外搭，增添甜美气息。黑色连衣裙，以及甜美的草帽，穿出不一样的复古优雅。

休闲的白色T恤，胸前有个可爱大美女的图案。黑白颜色的碰撞，提升了衣服的立体感。

简单舒适的白色T恤，玩味十足的小妞图案，不仅增添俏皮感，看上去还非常时尚呢！

休闲版的黄色T恤，满身的球球超级可爱，搭配黑色纱裤，可爱中又不失个性。

休闲款的格子衬衫搭配休闲款的T恤，休闲与休闲的结合，擦出青春无敌的火花！

这件条纹T恤真是百搭！直接穿再配上牛仔短裤，简直活力无限！

蓝色长裙+草帽的搭配，复古优雅！

五彩斑斓的印花点缀的纱裙很适合在海边穿，穿着它在海边漫步，感受夏日的魅力。

清爽的海军风蓝白条纹的连衣裙，穿着它走在海边，别有一种慵懒美！

黄色心形印花图案，给人的感觉很可爱。灰色条纹点缀的白色T恤，清新纯美，搭配卡其色的背带短裤，很适合偏爱运动休闲风的美眉哦！

美丽飘逸的轻柔雪纺衫，加上蓝色带有蕾丝边的纱裙，轻松营造清新风格。而腰带的加入，让身材比例更加完美。

看书送实惠喽！

读者凭借下面的编码去MuMu店中购物，将得到购物满200元即获得50元礼券一张的优惠。

编码使用规则：每个编码只能使用一次，不可循环使用。读者购物前在与淘宝店主用旺旺交流中，只要输入编码，店主就会给您提供优惠。只有十次机会。购书读者点击从速哟！

幸运编码

92111101　92111102

92111103　92111104

92111105　92111106

92111107　92111108

92111109　92111110

慵懒的初秋小情调　主打温暖牌毛衫

…麻豆资料…

MADOUZILIAO

姓名：滕雨佳

星座： 双子座

爱好：电影 音乐 读书

淘宝ID：小芽

关键词：小贱样儿

微博地址：http://weibo.com/beckypp

酒红色的复古毛衣上镶嵌着品质超好的珍珠，很温暖、很大气。建议配上一个蕾丝的小假领哦！会很淑女、很可爱、很贴心。

大大的毛衣，毛茸茸的感觉，加上红色的小鹿围巾，超级可爱。

这款白色的雪绒裙，清纯甜美。其微露的香肩，展现了小女生的小性感。蕾丝小花边是女孩心中永远的情节啊！红色的贝雷帽和小樱桃的首饰，为整套衣服起到了画龙点睛的作用。

美丽的甜美学院派，咖啡色的蕾丝雪纺衫，穿起来显得甜美和恬静。娃娃领仍然是2012年的大热啊！

Boyfriend风格的西装其实就是将女装的西装微微加长，衣身调整为稍微直身的轮廓，卷起袖子内搭休闲T恤，下穿窄脚裤或雪纺裙，既有中性随意的时髦感，又有男孩风和女人味的性感，简直就是魔法单品！

姜黄色的毛衣搭配可爱的彩色毛球，加上苏格兰式的拼接短裙，超有感觉的。如果再穿上一双灰色袜子，会有点睛的作用。

调皮的感觉就是这样，用五角星的毛线帽搭配撞色的毛衣，是不是很容易有潮人的感觉呢！

长款毛衣是春秋两季的必备单品，休闲的款式让你青春感倍增。厚实的复古毛衣，粗织，彩色款的拼接，温暖又时尚。

这一款充满甜美气息的公主打底衫，大大的蕾丝花边和纱裙上的小小波点，点缀着梦幻女孩的甜蜜气质。

灰色呢子连衣裙具有立体感，再配上绛红色的礼帽和黑色皮鞋，打造复古恬静的气质。这款名媛风格的衣服显得气质很好哦。

复古的一款毛衣，做工非常细致，珍珠和花边的点缀，使得整体感觉更加时尚。

这款彩色拼接的毛衣，内搭黑色条纹T恤，下搭深蓝色牛仔裤和棕色松糕鞋，顿时让秋日的单调装扮变得亮眼起来。

长袖中长款镂空针织毛衣+红色贝雷帽，犹如落入凡间的天使，适合可爱的女孩。

看书送实惠喽！

读者凭借下面的编码去小贱样儿店铺中购物，将得到包邮的优惠。

编码使用规则：每个编码只能使用一次，不可循环使用。读者购物前在与淘宝店主用旺旺交流时，只需输入编码，店主就会给您提供优惠。只有十次机会。购书读者点击从速哟！

幸运编码

92111111　92111112

92111113　92111114

92111115　92111116

92111117　92111118

92111119　92111120

要暖要有型　冬天也要靓靓的

姓名：小艾

星座：双子座

爱好：舞蹈 唱歌 美衣 美食

淘宝ID：zwd861213

关键词：MISS IVY 小艾公主

微博地址：http://weibo.com/ivymiss2011

…麻豆资料…

MADOUZILIAO

秋冬季最不可少的单品就是毛呢外套了。

很多美眉总是发愁选不好款式会显得臃肿。

其实掌握好两个原则，就能马到成功哦！

一看板型；二看面料。

超级修身的双排扣，完美地勾勒出曲线哦！

而且双排扣是很英伦风的元素，驼色看起来也没那么成熟。

如果觉得单调，可以搭配一条撞色的围巾，超有范儿！

这款中长款式的深灰色大衣超级保暖。里面是色彩缤纷的『秋季』，外面是沉稳的『冬季』，这样搭配是不是很压得住阵脚啊！

冬天拒绝沉闷色！要给冬天点『颜色』瞧瞧！黄色、红色、蓝色、白色通通出马！一套美美的搭配让大家都喜欢哦！小白帽还不错吧，两个球球真是可爱。红色棉服不只爱它的颜色，蕾丝的花边有没有很特殊呢？重要的是这一身颜色多和谐啊！

中长略短款的蕾丝棉服，正好盖住红裙一点，露出红色的边边。

觉得好美，下雪的话，带上毛边帽子，就是森林小公主化身！

变变变！一套衣服能够改变姑娘的气质哦！

大爱深蓝色哦！总觉得蓝色是最有学院风的色彩。

日剧里的高中生，都是人手一件这样的大衣，

随意地搭个毛衣、百褶裙，超有日系美少女的感觉。

小女生不只都爱毛绒玩具，衣服也爱这种人造的毛绒。不仅环保，而且无敌柔软舒服。更重要的是它的保暖性，给人暖洋洋的感觉。

这款橘红色呢子大衣，双排扣的设计增添几分俏皮感，搭配白色毛线帽子，让你拥有温暖的冬天。

酷劲十足的黑色外套，百搭又有个性，搭配白色毛线帽和黄色长款围巾，野性又不失可爱，内搭长款的带有粉色蝴蝶结图案的黑色针织衫，可爱指数飙升。

粉嫩的桃红色外套，娇俏可爱。搭配深蓝色毛线帽（或乳白色毛线帽）和黄色长款围巾，使整体造型时尚动感，下身搭配灰色卫裤，营造韩范儿街头风。

帅气风必备的皮衣，配上雪花围巾，棕色卫裤，有点潮哦！

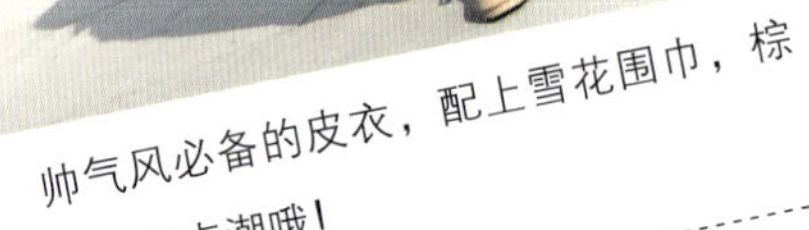

这件黑色短款羽绒服设计感很强，内搭黄色T恤，很有活力。下身搭配灰色卫裤，很干练啊！

粉色的呢子大衣，清新淡雅，双排扣设计，超具淑女风格，简约的理念，给人成熟大方的感觉。华丽的獭兔毛领增添名媛高贵气息。

呢子大衣斗篷还是很流行的。绿色的显气质，内搭任意纱裙、条纹袜、高跟鞋，就是个气质名媛啦！

冬天怎么能少了一款经典学院派的呢子大衣呢！这款呢子大衣白色翘边的设计，就是经典学院风的代表作。条纹的深色袜子，搭配小红鞋，平跟儿也可以显身材，露出一节小腿，是今年最in的穿法了。

这件面包领马甲，拉上拉链可以遮住小肚子，敞开穿超级显范儿。搭配白T恤或者打底毛衣，再来个撞色的粉嫩的黄裤子，修身又亮眼。西瓜红的短帮雪地靴是今年大热单品。搭配上很漂亮哦！

清爽素雅的湖蓝色羽绒小马甲，轻便却很温暖，敞开穿随意，扣上穿修身，配上灰色运动裤有点休闲运动的感觉。

简单、可爱的红色羽绒马甲，微亮的面料，穿上绝对花俏，搭配黄色连帽卫衣和灰色运动裤，戴上棕色毛线帽，时尚潮女就是你。

不需要过多地修饰或搭配，这款黑色棉服就十分抢眼。简单大方的款式设计令整体时尚感强烈，举手投足间流露出吸引一切的非凡气质，绝对让大家对你刮目相看哦！

这件羊羔绒外套，是不是很工装、很硬朗的感觉。走惯了甜美路线，来个帅气的、干练的风格，只有百变才更有魅力。

娇嫩的粉色大衣，搭配白色蕾丝裤袜和红色鞋子，肩背复古小包，整体搭配很淡雅。男生最爱这种学生妹的青春风格，女生们约会时可以这么搭配哦!

看书送实惠喽！

读者凭借下面的编码去 MISS IVY 小艾公主衣橱店铺中购物的新客户将享受9折购买体验，并赠送20元优惠券，供下次使用时优惠。

编码使用规则：每个编码只能使用一次，不可循环使用。读者购物前在与淘宝店主用旺旺交流时，只需输入编码，店主就会给您提供优惠。只有十次机会。购书读者点击从速哟！

幸运编码

92111151	92111152
92111153	92111154
92111155	92111156
92111157	92111158
92111159	92111160

向上吧，女孩儿！做个优质的学院派

…麻豆资料…

MADOUZILIAO

姓名：angel泡泡

星座：水瓶座

爱好：爱好广泛

淘宝ID：天使泡泡屋

关键词：天使泡泡屋

微博地址：http://weibo.com/angelpaopao28

在衬衫外加一件粉色背心，既甜美又粉嫩！

一件简单的白色衬衫和一条黑色裙子，再搭配上跳跃的红色领结，显得清纯可爱。好似还未结束的假期，心中还很雀跃呢！那一抹红色在人群中格外亮眼。

换上奶白色背心，搭配与黑裙颜色接近的藏青色领结，萌萌的感觉中带点沉稳。因为这个时候该收拾收拾心情，让跳跃的心回归到校园中去了！

往往都是白色才会有清纯的感觉，但是搭配对了，藏青色一样也有哦！

这件海魂衫，充满了80后的记忆和思念。

读书的时候就一直穿的那双帆布鞋，我想很多80后的妞都有吧！

出门的话，可以穿防走光的打底裤，也可以搭配短裤或短裙，长裤当然也可以啦！

藏青色既有蓝色的沉静安宁，又有黑色的神秘成熟，显得很知性，带着那份知性去图书馆喽！

瘦女孩直接穿这件连衣裙不好看，可以在里面搭配件纯色T恤，会更有学院海军风的效果。

这件学院海军风的连衣裙，款式很不错，单穿就可以了。

也可以戴顶小帽，脚上可以穿一双裤袜。如果一群美妞都穿成这样，然后戴一样的发饰，穿一样的鞋子、袜子，还提一样的包包，在大街上走着，那是多美的一道风景呀！一定会让人感叹青春的魅力！

一样的吊带背心裙，里面搭配一件打底T恤，整体效果就比较丰富了。如果单穿，会显得很单薄。

如果你是瘦女孩，就可以将一些宽松的吊带衣和吊带裙，组合起来搭配穿，会比较有味道。像这件白色吊带，就是比较宽松的，如果单穿，那要很丰满的美眉才敢露吧！因为底色为白色，图案只是少数的刺绣花纹，所以下半身可以选择颜色丰富或者图案丰富的单品来搭配。

这款西服外套，可以搭配长裤或短裙。搭配品选择浅色调的，才会有海军风和学院气息。

浅色系的衣服很好做内搭哦！既然是清纯学院风，那格纹不能缺，百褶不能缺，还有黑白色调，更是不能缺。

卡其色V领针织衫，加上蓝色蝴蝶结，搭配黑色短裙与黑色裤袜的穿法，不禁想起了学生LOOK的怀旧造型。

白色衬衫+蓝色条纹蝴蝶结当然可以搭配灰色V领针织衫，这样就变成了英伦风，再搭配黑色短裙和白色裤袜，显得非常和谐哟！

这件白色衬衫真是百搭呦！搭配上这件黑色V领针织衫和黑色短裙，好学生的典范。

条纹，又一学院派的标志。海军风一直受到学院美眉们的热捧，长款条纹连衣裙+棕色书包，是不是超级的可爱呢?

看书送实惠喽！

读者凭借下面的编码去天使泡泡屋店铺中购物，校服可以包邮、其他类商品可以享受9折优惠（特价品不参与活动）。

编码使用规则：每个编码只能使用一次，不可循环使用。读者购物前在与淘宝店主用旺旺交流时，只需输入编码，店主就会给您提供优惠。只有十次机会。购书读者点击从速哟！

幸运编码

92111131	92111132
92111133	92111134
92111135	92111136
92111137	92111138
92111139	92111140

萌系少女的甜蜜公主风

…麻豆资料…

MADOUZILIAO

姓名：mayas 玛雅

星座：双子座

爱好：网购 美食 钢琴

淘宝ID：buyideruier

微博地址：http://weibo.com/maymayas

惊艳的柠檬黄加上大胆的斜露肩，不再只属于T台哦！

同样是斜露肩，但多了些花朵跟百褶，甜美感马上倍增。
搭配上适合的发型跟发饰，谁都可以是夏天里的小公主。

这款裤裙，边边的设计很美。花苞的裤型穿起来很显腿瘦。

纯白色的全蕾丝勾花连衣裙，加上娃娃领的复古设计，可爱度满分。

清新甜美的一款毛毛小外套，时尚感非常强，整体设计优雅大方。再加上与灰红相间的连衣裙搭配，使整款衣服上身效果更加轻灵生动，有很强的立体感。上搭白色貂绒帽子，下搭黑色打底裤，尽显优雅迷人气质。

大荷叶的斜露肩款+高腰复古包臀裙，让你马上变身成韩剧里的大小姐!

粉嫩嫩的蛋糕连身裙，party时候穿，绝对惊艳全场。

一字领露肩款的雪纺衫真是超nice。

像这样的款式适合出游。集优雅与性感于一身，既可搭配纱裙显柔美范儿，又可搭配热裤显性感。

横竖条纹拼接的小西装，增加了整体的活泼感，再搭配白黑相间的蕾丝裙，干练又不失甜美。

豹纹的袜了一般是搭配专色的衣服，不会再做太多的混搭 。专色是属于不会出错的搭配。

细碎的豹纹袜子配上连衣裙，淑女气中又有一点点的妩媚，而且很显腿细哦！回头率超高的!

这件甜美范儿的小花裙子可是优质的百搭品哟!外搭一件牛仔衣，甜美中又带有一丝帅气。酷!

同样的一件小花裙子，外搭不同风格的衣服，就会呈现出不同的惊喜。看，搭配上这件毛茸茸的开衫，十足的萝莉范儿!

可爱的花裙，经典的日系少女风格，想要甜美的女孩可少不了一件这样的连衣裙哦!

女人味十足的红色裙子，配以黑色蝴蝶结腰带，下搭纯色的打底裤，增加了少女的甜美气息。

这件充满异域风情的波西米亚风格的针织外套，搭配上棕色围巾和黄色腰带，时尚满分，再加上白色打底裤及毛绒雪地靴，温暖又潮范儿十足。

白色贝雷帽+白色毛茸茸的开衫，再配上豹纹裙子，活脱脱的时尚名媛，原来做个名媛是如此简单！

镂空裙子+横条纹的打底衫+红色皮腰带的组合，萝莉又优雅，90后也可以展示微妙的优雅气质哦！

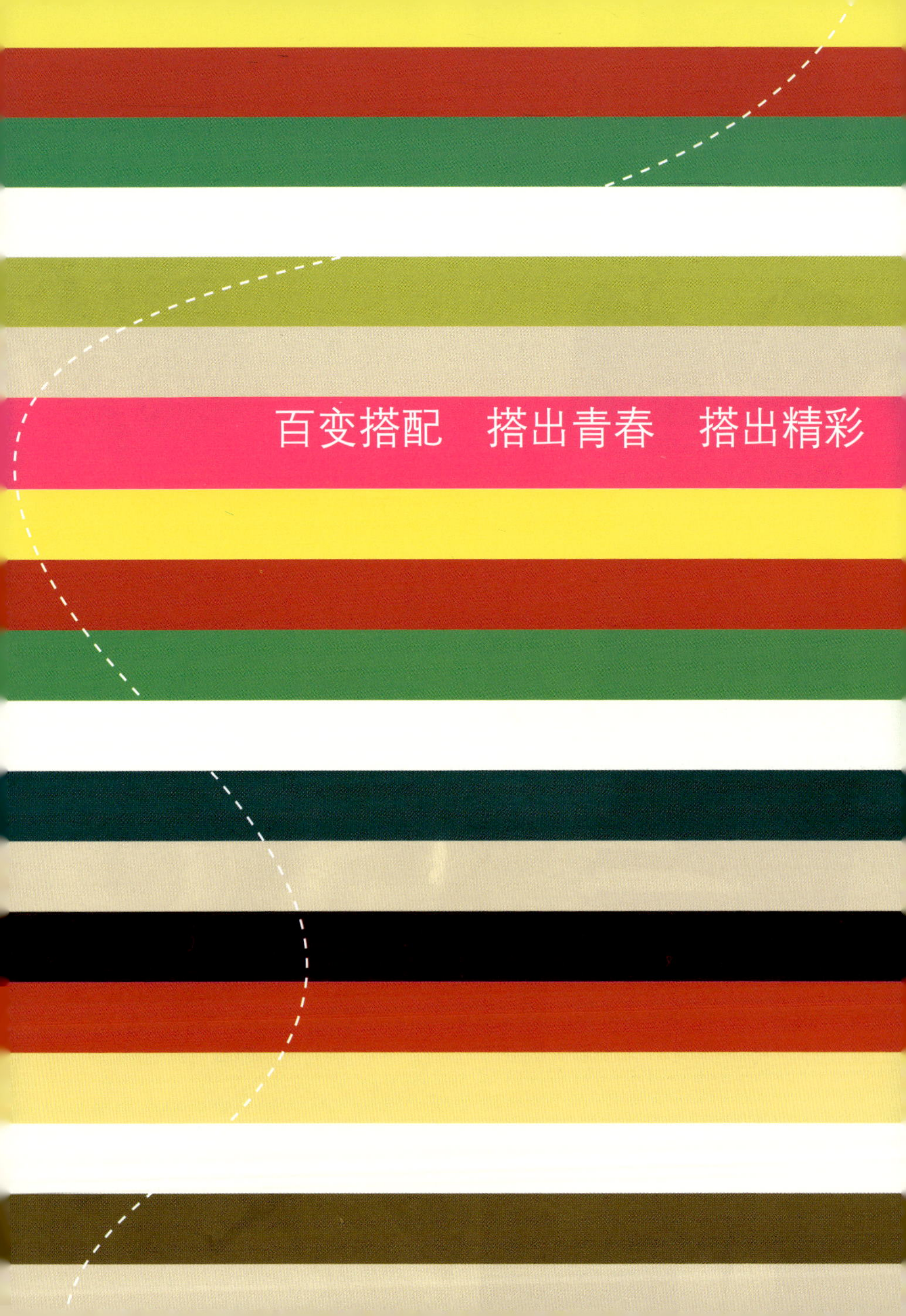
百变搭配　搭出青春　搭出精彩

…麻豆资料…

MADOUZILIAO

姓名：Venn(張雯)

星座：天秤座

爱好：唱歌 色彩搭配

淘宝ID：boss_vp

微博地址：http://weibo.com/venn1022

关键词：boss_vp

运动套装，可能非常常见，但是要把运动套装穿出自己的风格来，需要从发型到配饰都有装饰感哦！

比如，黑框眼镜。一整套灰色运动装，身上其他部分没有亮色的话，鞋子一定要突出哦，身上只有两种颜色，包包一定要出众哦！

牛仔衬衣好像一直都是复古的潮流单品，其实牛仔衣也可以穿出很有女人味的感觉。

拼接豹纹的牛仔衣，看上去确实有那么点与众不同哦！

机车女孩，牛仔外套，很酷的感觉哦！

羊羔毛的大熊，是明星徐濠萦、应采儿的大爱。
Hello Kitty 是每个女生心目中的公主小猫。
约会时的可爱打扮，做他心目中的小野猫吧。哈哈！

五彩斑斓的彩虹兔女郎，带点儿日系的可爱，又有着韩系的狂野。彩虹毛衣，蝙蝠袖宽大的款式，给人一种轻松自由的感觉。

这款宝蓝色的豹纹外套真的很抢眼。带点儿微蝙蝠袖的兔毛毛衣外套，蝙蝠袖具有流行的趋势，既简单又很时尚。

拼接双色毛衣。黑白配，一直是经久不衰的经典。

再搭配优雅的兔毛帽，有没有纯情小女生的感觉。

萌系休闲格子衬衣，超级百搭啦！

风衣，是女装成衣化的一场时尚革命。其修身的廓形，精致的剪裁，令它无论搭配正装或休闲装都可以游刃有余。

粉红色皮夹克+人头T恤+灰色挎包，下配牛仔裤+运动鞋，休闲、运动又不失时尚。是逛街shopping的最好装束。美眉们周末一起去逛街喽!

颜色素雅的灰白色长款毛衣外套，搭配红彤彤的打底裤、红色礼帽和短款雪地靴，保暖可爱指数100分。

豹纹的牛仔衬衫是件百搭品，与这件玫红色开衫搭配，打造简单混搭的感觉。

这一套是最简单的搭配，蓝色牛仔裤搭配蓝黑色外套，外加复古包包，既随意又不失青春!

条纹连帽卫衣搭配复古挎包，让人耳目一新。长款的卫衣还有个好处，就是可以遮住大腿哦，很多美眉都是大腿上肉肉比较多，用长款的卫衣搭条铅笔裤，非常好看。

休闲的白色T恤，胸前那可爱的红心，使整件衣服显得十分可爱。再搭配一条黑色条纹长裙，头戴一顶小草帽，一不小心“田园”了一把！

黑色休闲T恤搭配粉色短裙，帅气、干练中又不失甜美。

白色的休闲T恤+红色长裙，搭配上豹纹太阳帽和人字拖，这身打扮最适合出游喽！

看书送实惠喽！

读者凭借下面的编码去boss_vp店铺中购物，就会获得精美小礼物和电子优惠券的优惠。点击领取立刻就可以使用。

编码使用规则：每个编码只能使用一次，不可循环使用。读者购物前在与淘宝店主用旺旺交流时，只需输入编码，店主就会给您提供优惠。只有十次机会。购书读者点击从速哟！

幸运编码

92111141	92111142
92111143	92111144
92111145	92111146
92111147	92111148
92111149	92111150

想怎么搭就怎么搭　小帽子搭出可爱风

…麻豆资料…

MADOUZILIAO

姓名：陈佳

星座：白羊座

爱好：旅游 臭美

淘宝ID：jiajiachaofeng

关键词：YOYO－佳の店

博客地址：http://weibo.com/u/2415574781

糖果色的帽子，可爱的耳朵，长长的连体围巾，带着蝴蝶结的手套，各种萌元素混搭在一起，使其成为深沉冬天的一抹亮色。

皮草帽帽一直都是奢华的象征。
这款皮草帽奢华而不失可爱哟！
让美眉们做个可爱小公主吧！

豹纹一直是个性和流行的特定标志。这款帽帽的豹纹设计，使运动、休闲的风格里带了一些野性。对那些喜欢冬季户外活动的女生们来说，它可是卫衣、休闲毛衫的搭配必备品哦!

心形图案的棒球帽。毛线+绒绒的特别设计，是喜欢运动、休闲风格的女孩儿们搭配必选。

这款蝴蝶结帽子，是很时尚的贝雷帽款式。简单拉风，搭配衣服必备哟！

糖果色毛线大量混色搭配的护耳帽，毛球的点缀，提升可爱度。

纯色，特别加长护耳部分的设计。保暖又不失时尚感，帽边花朵设计也很新颖哟！

这款羊羔绒材质的棒球帽，一直受运动型女孩儿的青睐。不失亲和力的蓝白色搭配，演绎着个性张扬的萌系少女。这款棒球帽适合搭配卫衣、休闲毛衫。

戴上有好多球球的兔毛帽子，超级柔软舒适，奢华不失俏皮哟！

带有两个小球的毛线帽适合调皮可爱的打扮，悬垂感极佳，使整体醒目度UP。

戴上这款红色的毛线帽来迎合圣诞主题是最适合不过了，富有节日色彩的喜庆意味深受大家的喜爱，无论搭配羽绒服外套或呢料大衣都非常好看。

三色拼接的毛线帽子，顿显青春活力。

白黄拼接的毛线帽显得灵动活泼，两侧大大的毛绒球既修饰略带婴儿肥的脸庞，也保护小耳朵不受寒风的侵扰，圆弧形的帽檐勾勒出让人忍俊不禁、心生疼爱的笑脸。

粗细均匀的时尚针织麻花盘旋交错，配合起伏有致的帽子收缩口，营造出大头娃娃的可爱模样。如孩童般纯真的单色编织哦！

蓝色的毛线帽清爽又亮眼，大大的毛球点缀增添了一丝可爱。帽檐边搭配一朵小花，活泼甜美。

红色的毛线帽，又保暖又漂亮，是冬日出行的最佳选择。

看书送实惠喽！

读者可凭借下面的编码去YOYO－佳の店铺中购物，就会获得购物即获邮费减半的优惠，偏远和指定地区除外。

编码使用规则：每个编码只能使用一次，不可循环使用。读者购物前在与淘宝店主用旺旺交流时，只需输入编码，店主就会给您提供优惠。只有十次机会，购书读者点击从速哟！

幸运编码

92111121　92111122

92111123　92111124

92111125　92111126

92111127　92111128

92111129　92111130